AF607201

LUZ DE LA NOCHE

VICTORIA LEÓN

LUZ DE LA NOCHE

Premio de Poesía Hermanos Argensola 2025

VISOR LIBROS

VOLUMEN MCCLXXX DE LA COLECCIÓN VISOR DE POESÍA

Un jurado compuesto por Luis Alberto de Cuenca, Jesús García Sánchez, Ioana Gruia, Antonio Lucas, Carlos Marzal y Benjamín Prado, presidido por Aurora Luque, concedió a este libro el Premio de Poesía Hermanos Argensola de 2025, promovido por el Ayuntamiento de Barbastro.

Cubierta: Kandinsky. *Sol*

©Victoria León

© VISOR LIBROS
Isaac Peral, 18 - 28015 Madrid
www.visor-libros.com

ISBN: 979-13-87745-80-6
Depósito Legal: M-20769-2025

Impreso en España - Printed in Spain
Gráficas Muriel. C/ Investigación, n.º 9. P. I. Los Olivos - 28906 Getafe (Madrid)

Cualquier forma de reproducción, distribución, comunicación pública o transformación de esta obra solo puede ser realizada con la autorización de sus titulares, salvo excepción prevista por la ley. Diríjase a CEDRO (Centro Español de Derechos Reprográficos) si necesita fotocopiar o escanear algún fragmento de esta obra (http://www.conlicencia.com; 91 702 19 70 / 93 272 04 47)

A ti, la luz

And early I had learned to scorn
The chains of clay that bound a soul
Panting to seize the wings of morn.

P. B. Shelley

Differtur, nunquam tollitur ullus amor.

Propercio

I

RUINAS

LUZ DE LA NOCHE

La poesía es un viaje
de vuelta de las sombras;
renacer de mil muertes
por amor al destino,
al misterio del mundo
y a la luz de la noche.

RUINAS

A Manuel Gregorio González

El dolor que no tiene a dónde ir
—ese bajo continuo de la muerte—.
La inocente ternura extraviada
por los caminos sórdidos del miedo.
La eterna noche que nos da razones
para medir el peso de la vida.
Bosques del duelo y de la soledad.
Flores de escarcha de los sueños rotos.
Días de luz que el tiempo destruyó
con esos implacables argumentos.
Pero no olvides nunca que vivir
es ver amanecer sobre unas ruinas.

LOS HÉROES

A Jaime y Julio

Quien se aferra con furia a la esperanza.
Quien levanta sus armas contra el tiempo.
Quien con su fuerza salva la ternura.
Quien por la duda llega hasta la fe.
Quien ama como parte de sí mismo
la mitad de sí mismo hallada en otro.

Aquel que busca la unidad del mundo
y se interna en la noche y sus secretos.
Aquel que aún sabe arder en libertad
en un país de hielo y servidumbre.
Esa estirpe olvidada de los héroes
allí donde se dicta cobardía.

NOSCE TE IPSVM

Qué difícil oír lo que dice la lluvia,
mirarnos al espejo,
preguntar al deseo quiénes somos
y escuchar su verdad de cristal límpido,
agua clara que fluye hacia la vida
sin cadenas de barro.

EL SILENCIO DE HAMLET

Fácilmente olvidamos
que somos nuestra voz,
también nuestros silencios,
y a veces nuestra culpa enmascarada
de *palabras, palabras...*
Las palabras vacías.
¿Qué es más noble?
Cuando el peso del alma es la conciencia
nos toca decidir
quiénes queremos ser.

El público te espera;
el autor está urdiendo tu monólogo
y el teatro del mundo
no baja sus telones.
Más te vale que hables por ti mismo,
aunque te hagas el loco.

EL GRAN OLVIDO

La tristeza es la voz de nuestro anhelo
y silenciarla siempre, traicionarnos;
ahondar el vacío que nos llena
con falsas e impostadas alegrías;
olvidar los deseos, las pasiones
y el sentido que dimos a unos pasos;
querer hablar con una voz distinta
—que no es ni será nunca la nuestra—;
llevar máscaras que otros nos imponen
y dejamos que oculten nuestro miedo.

MEDIA NOCHE Y UN FRAGMENTO DE SÁNDOR MÁRAI

Las doce campanadas del reloj
suenan de pronto en la conciencia y se oyen
muy dentro de nosotros las preguntas
que muchas noches hemos evitado.
¿Quién eres? ¿Qué has amado de verdad?
¿A qué has sido leal? ¿Qué has defendido
o traicionado aun sin pretenderlo?
¿En qué has creído? ¿En qué crees aún?
Tratamos de acallarlas, de no oírlas;
intentamos que dejen de sonar;
que su eco no melle, enturbie o quiebre
el barro y el cristal de lo que somos.
Pero inútil es huir y es ignorarlas.
Por nosotros responde nuestra vida.

SI ELLA NOS DESAMPARA

Perdida en sus ensueños,
Casandra es despreciada
de nuevo por los suyos.
Susurra vaticinios
que nadie tendrá en cuenta.
Se enfrenta eternamente
a la ironía trágica
de su destino aciago.
Si la razón claudica
ante la estupidez,
si ella nos desampara,
¿qué nos protegerá
de su hijo predilecto,
el horror inhumano,
de la infinita cárcel
donde mueren las voces,
del salto en el vacío
del miedo y la locura?
La historia nos enseña
que a despertar se aprende,
pero, a veces, es tarde.

DE PROFVNDIS

No fuiste nunca digno de mi amor.
¿Acaso lo pensaste alguna vez?
Te seguí amando por salvar mi alma,
pues comprendí que si me permitía
odiarte en este páramo
que había de cruzar, todas las peñas
perderían su sombra,
no quedaría un solo manantial
sin agua envenenada.

Al leer *De profundis* de Oscar Wilde,
esa carta de amor y de perdón,
escrita en una cárcel victoriana
por un hombre inocente y derrotado,
me pregunto si cabe otro destino
distinto del fracaso
para quien ama con verdad,
con alma y valentía
en un mundo que es huérfano de ambas.

MISTERIOSO LATIDO

El corazón humano:
misterioso latido
que tan solo la música
traduce con rigor;
revela en su verdad,
tan terrible e ingenua,
tan feroz e imperfecta,
tan desolada y frágil.

II

MEMORIA DEL FUTURO

REVELACIÓN

La luz, ese recuerdo de tu voz,
la llama repentina del sentido,
la música perfecta del azar,
la tempestad serena de la vida.

NIEBLA

¿Por qué surge la vida
de este instante preciso
tras la niebla que envuelve
la mañana de abril?
¿Qué es la nítida luz
que ha encendido unos ojos
a través de ese velo
y ha elegido unos labios
para hablar del futuro?
Evidencia invisible,
en nuestras manos arde
el don inmerecido.

TODO ES VERDAD

Todo es verdad en ti cuando me miras.
Tu deseo es deseo:
no tiene que mentir sobre sí mismo.
Ternura, la ternura,
sin impureza alguna de ficción.
Y no pudo ser otra nuestra forma
de estrecharnos la mano
cuando el tiempo se acaba,
en el borde del mundo,
y encontrarnos y vernos
—verdad sola y desnuda,
sin vestigio de grises—
en la profunda luz.

TUS OJOS

En su serena y honda intensidad
de paisaje lunar desconocido,
hay misterio y hay fuego, infinitud,
poder, pasión, melancolía tenue
que no sabe su nombre ni su origen,
y la profundidad de un laberinto
de terciopelo oscuro en el que puedo
adentrarme, desnuda, cada noche
para abolir el frío de mi piel
y desterrar la muerte de mi alma.

ASOMBRO

Todo amor verdadero es un asombro,
la mirada capaz de conocer
algo que solo un día conocemos
tras habernos rendido a la belleza
aceptando su herida incandescente.
Solo quiero mirarte y entregarme.
Descansar junto a ti, lejos de todo,
en esta paz perfecta de dos cuerpos
que se han pertenecido desde siempre
y que hoy se reconocen como ayer.

ESPEJO DEL DESEO

He apoyado la frente y mi cansancio
en tu pecho desnudo.
Tus brazos me rodean,
llevándome hacia ti.
Como si fuera el borde de un abismo,
mi mano se detiene
al final de tu vientre.

Solo algo existe en este eterno instante.
Y es la paz del deseo ante su espejo
—un cuerpo al contemplarse
en otro cuerpo amado—,
que destruye la nada y crea un mundo.

UN RÍO

Un río se desliza entre nosotros
para saciar tu sed mientras mi cuerpo
se ofrece a tu deseo
como primera lluvia
sobre la tierra seca de septiembre,
sintiendo que la vida
regresa mientras fluye,
desterrando la muerte y el vacío.
Fuera del tiempo nuestras sombras se aman.

LA BELLEZA DEL MUNDO

Acéptala. Recógela en tus manos.

Quiero que la contemples con mis ojos
y que a través de ellos señorees
la lenta rosa negra de la noche,
los azules de Giotto en este cielo
de junio, la ciudad al encenderse
con el fuego de bronce del crepúsculo.

La belleza del mundo te reclama,
a salvo de los siglos y el azar,
porque eres dueño de ella, aunque tú ignores
que el calor de tus manos la rehace,
que tu voz le da forma y armonía
y el pilar de tu cuerpo la sostiene.

III

EL ESPEJO DEL MAR

EL ESPEJO DEL MAR

I

Amanece en la playa.
Los barcos, a lo lejos, se cruzan silenciosos.
El mar bate a mis pies y te recuerda
mientras la luna se hunde junto al faro.
Tus manos me acarician los tobillos.
Son de agua un instante. Yo soy agua.
Me miras a los ojos y te alejas
con tristeza infinita y con ternura.
Una ternura inédita en tu voz.

II

Plegaria de un amor sin esperanza.
Ingenuidad herida en espejismos
y una boca que arde tras un beso.
Movimiento cansado, sueño, plomo.
Amargura diluida en el amor
que bebo a lentos tragos de penumbra.
Caricia de una música que evoca
otra secreta música tras ella.

III

Corro por un jardín o por un bosque
huyendo de algo oscuro que me acecha
o acaso persiguiendo alguna sombra.
Oigo el latir de un corazón y pasos.
Mueren estrellas en la noche insomne.
Y, de pronto, un museo: galerías
y salas solitarias, sombras solas,
oscuras, luctuosas que, sin rostro,
con humilde tristeza de cipreses,
convierten el museo en cementerio.

V

Amo despacio un cuerpo cada noche
y despierto a una ausencia cotidiana.
Ya no sé qué es real. Dudo de todo.
Me rindo a la esperanza, aunque me duela.
No acepto haber perdido el alma en vano.
Alzo la voz y llamo, y no respondes.

El espejo del mar, solo, infinito.

IV

PERO QUIZÁ LA NOCHE

LEJANA TRISTEZA

La lejana tristeza de tus ojos,
¿dónde nace? ¿De qué herida o nostalgia
apenas desvelada en su luz tenue?
¿De qué sueño incumplido que aún alienta
en su bondad intacta por el mundo?
¿Qué belleza perdida echa de menos?

LA LUZ INESPERADA

Si pudiera abrazarte en este instante
y deshacer el tiempo y tu tristeza;
descubrirte la luz inesperada,
los caminos dorados del silencio
en este amanecer que no se extingue,
la vida triunfaría de la muerte
en el baluarte eterno de dos cuerpos
que se ofrecen amparo a la intemperie
y detienen el mundo y el dolor.

ATARDECER

Tiemblo de frío
y me abrazo a tu sombra.
Arde la noche.

PRESAGIO DEL OLVIDO

Cuesta encender el fuego del recuerdo,
y es a veces presagio del olvido
sentir de pronto ese vacío súbito
que no acierto a nombrar por unas horas.
Son horas que transcurren sin dolor,
pero también en blanco, ajenas, vanas.
Hasta que te apareces, aun sin rostro,
casi al borde del sueño, en la penumbra
helada de la ausencia, entre el fragor
de las voces e imágenes del día
y el pensamiento inquieto e inconexo.
Y yo sé que eres tú. Eres tú siempre.

PERO QUIZÁ LA NOCHE

Si dejo que mi amor por ti se apague,
sé que yo misma me estaré apagando,
que es mi última llama
la que aún arde en mi cuerpo
e ilumina el futuro
porque tú la encendiste.
Solo habrá oscuridad donde no estés.
Pero quizá la noche es mi destino
y tu ausencia la hoguera
que haya de alumbrarme.

RECUÉRDAME

Por aquel primer beso junto al río.
Por la noche de luna interminable
que soñaste mirándome a los ojos.
Por mi entrega, mi tímida ternura
y mi fe inquebrantable en tus silencios.
Por mi fuerza y por mi fragilidad.
Recuerda que te vi tal como eres
—no una máscara amable, sino un rostro—,
y que nunca tuviste que mentirme.
Recuerda que fui tuya para siempre
y amé tu libertad más que la mía.

V

LA FUENTE

LA FUENTE

En aquella esquina
donde duerme el tiempo,
de la misma fuente
bebemos el agua,
bebemos la sed.

UNO DE ENERO

Igual que este año nuevo en mí amaneces,
purificando mi alma de pasado
con la tibia caricia de la luz
que anticipa el final de nuestro invierno.
Solamente hay futuro ante nosotros.

QUIERO IR CON AQUEL A QUIEN AMO

Ich will mit dem gehen, den ich liebe.

Bertolt Brecht

Quiero el amor que siempre es abundancia,
inagotable manantial que brota
de manera espontánea y, al hacerlo,
todo aquello que alcanza vivifica;
el puro amor que es libre decisión
no sometida a idoneidad externa,
a imposición de conveniencia, tedio,
miedo o necesidad de compañía.

Que todo cuanto soy sea suyo,
sin calcular el precio en soledad.

GRATITUD

Te debo haber huido de mi cárcel
de inútiles y grises abstracciones;
haber quedado en paz con el pasado
y su saldo de sombras y de ausencias;
el temblor de la vida y del deseo
en un presente puro de esperanza,
y esta mirada agradecida al mundo
que sin ti nunca habría conocido.

MEDITACIÓN

Con la tenacidad del fuego del crepúsculo
que a diario regresa a contemplarte
y a acariciar tu rostro con mis dedos;
así mi pensamiento va contigo.

EN SILENCIO

El misterio de haberte conocido
intacto resplandece y, sin embargo,
todo nos lo hemos dicho sin palabras.
Pues tú eres el silencio, y en silencio,
has llegado a mi vida, y en silencio
me alimentas de luz y de verdad
con tu esperanza y, sin herirme nunca,
lo que solo se aprende del amor
aprendo aún de tus hombros y tus manos.

ETERNO RETORNO

Tú.
Y la quietud
del alba
adonde
van
a morir
los ríos
de angustia
de la noche.

Tú.
Y la infinita
caverna
de los sueños
adonde
va
a ocultarse
el sol:
origen y sentido.

Tú.
Sanador
que destruye,
destructor
que sana.

Tú.

ÍNDICE

I
RUINAS

II
MEMORIA DEL FUTURO

III
EL ESPEJO DEL MAR

IV
PERO QUIZÁ LA NOCHE

V
LA FUENTE